FOLIO CADET

Ce cahier est pour Simon,
qui sait être un grand ami
et pour ceux qui, partout dans le monde,
tiennent un journal.

Maquette et adaptation : Hervé Lauriot Prevost

ISBN : 2-07-052419-1
Titre original : *Amelia's Notebook*
Édition originale publiée par Pleasant Company, 1999

N° d'édition : 88759
Loi n° 49-956 du 16 juillet 1949 sur les publications destinées à la jeunesse
Dépôt légal : mars 2002
Imprimé en Italie par Editoriale Lloyd

TOP SECRET

Le cahier d'Amélia

De Marissa Moss
(mais les dessins et les textes sont d'Amélia)

NE PAS OUVRIR

GALLIMARD JEUNESSE

Toutes ces choses ont la même forme !

Une queue-de-cheval

Le dentifrice

Un ver de terre

Maman vient de me donner ce cahier. Elle m'a dit que cela me ferait du bien d'écrire toutes mes pensées. Pourquoi cet idiot de journal me servirait à quelque chose ? RIEN ne peut me faire du bien ! Sauf revenir à la maison, dans mon ancienne maison, pas dans une nouvelle maison, dans une nouvelle ville, dans un nouvel État.

J'avais perdu mon yo-yo fluorescent ! Il était tombé sous le lit !

JE DÉTESTE TOUT ICI !

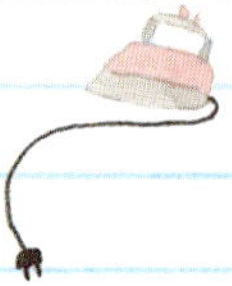

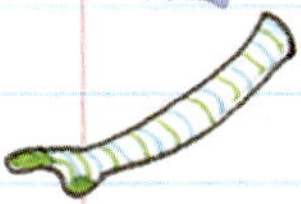

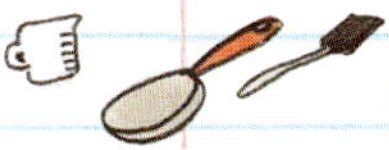

Déménager, c'était horrible. Un énorme camion s'est arrêté devant la maison, et tout, <u>ABSOLUMENT</u> tout s'est empilé à l'intérieur. Tous les meubles, tous les habits, toutes les provisions, et même l'aspirateur ! Moi, je crois que c'est le camion qui est un aspirateur géant ! Il a mangé toutes mes couleurs et ma collection de rubans. Après, la maison était vide et triste. J'ai dit adieu à ma chambre qui est aussi la chambre de Cléo.
Non, <u>c'était</u> aussi la chambre de Cléo.

Cléo est tout excitée à l'idée de déménager parce que dans la nouvelle maison elle aura une chambre pour elle toute seule, sans moi. Ça me plaît aussi. J'en ai assez de ses grand airs !

Cléo se prend pour Mademoiselle Parfaite ! Tout ça parce qu'elle est née avant moi. Mais je connais plein de secrets qui montrent bien qu'elle n'est pas si parfaite que ça ! Par exemple, elle ronfle, et puis elle met ses doigts dans son nez.

Cléo, avec ses grosses lèvres
et son nez qui ressemble à un gros escargot.
Elle déteste quand je l'appelle « Nez d'escargot ».
Cléo n'a pas pleuré quand on est parti.
Moi si !

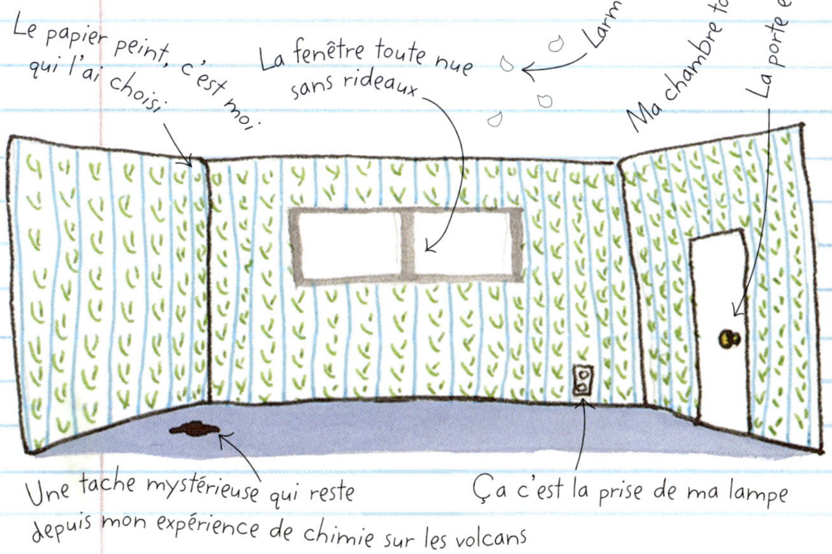

On s'est tous empilés dans la voiture, et on a mis 3 jours pour arriver à la nouvelle maison.

Chaque fois qu'on s'arrêtait dans un restaurant pour déjeuner ou dîner, Cléo demandait EXACTEMENT LA MÊME CHOSE : un hamburger et des frites ! CHAQUE FOIS ! Quel ennui !

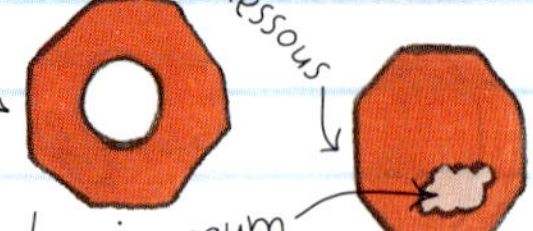

Je lui ai dit qu'elle allait se transformer en un énorme hamburger. Elle a déjà dû commencer, elle sent le steak haché au ketchup ! Pour me faire peur, elle s'est mis deux frites dans les trous de nez et a fait d'horribles grimaces jusqu'à ce que Maman lui dise d'arrêter.

J'ai pris des boîtes d'allumettes dans chaque restaurant. Maintenant, j'ai une collection.

En plus des allumettes, j'ai ramassé des savons dans les hôtels où on s'est arrêtés. J'en avais trois, mais Cléo m'en a chipé un, et quand je lui ai dit de me le rendre, elle s'est mise à crier que c'était le SIEN !!!

Chambre d'hôtel pas rangée.
(Dans un hôtel, on n'a pas à ranger sa chambre.)

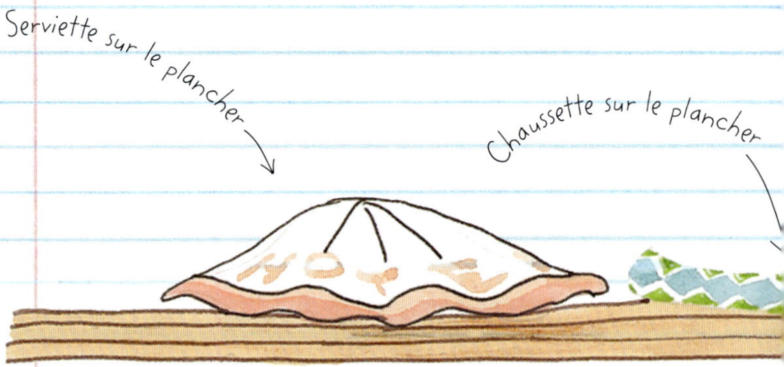

Quand on déménage, ce qui est bien (la seule chose d'ailleurs) c'est de dîner dans les restaurants et de dormir à l'hôtel. Dans les hôtels, je n'ai pas besoin de faire mon lit et je peux laisser traîner les serviettes par terre dans la salle de bains. On peut sauter et danser sur le lit autant qu'on veut, et il y a même la télévision avec le câble. Génial !!!

Le pire de tout, c'est qu'à chaque jour de voyage, j'étais plus loin, et plus loin, et plus loin de ma maison. Ma maison me manque, mon école, et surtout ma meilleure amie, Nadia.

Ma meilleure amie, Nadia

Elle porte un appareil dentaire. Alors, elle sourit toujours la bouche fermée. Je l'ai dessinée la bouche ouverte parce que j'adore son sourire quand il étincelle. Son appareil ressemble à une voie de chemin de fer ou à une fermeture éclair !

Ce serait quelquefois très pratique de mettre des fermetures éclair sur la bouche des gens ! Zzipp ! on n'entendrait plus personne. Pour Cléo, par exemple, qui n'arrête pas de me casser les oreilles. Zzipp, plus de Cléo. Mais évidemment, ça n'est pas pour Nadia que je dis ça. Elle, elle peut parler autant qu'elle veut, je ne suis jamais fatiguée de l'entendre.

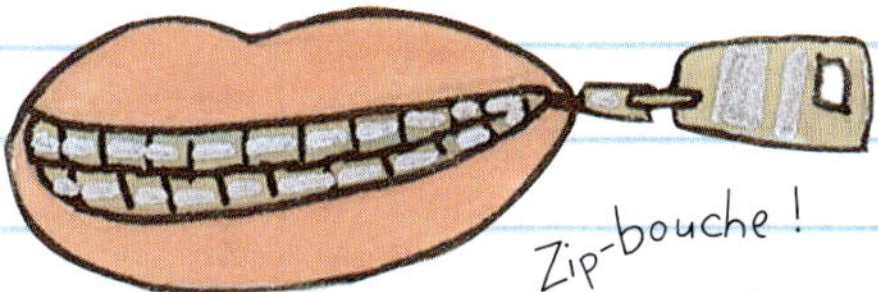

Zip-bouche !

C'est moi qui l'ai inventée.

Nadia a promis de m'écrire beaucoup de lettres, et elle m'a donné un magnifique cadeau le jour de mon départ. C'est une boîte de feutres, 24 couleurs ! Je m'en sers pour mon journal et quand je lui écris. Je lui ai déjà envoyé 6 cartes postales !

Elle m'a aussi donné quelques timbres pour être sûre que je lui écrive.

Lac Poobah
...our toute la famille

...être en voiture
...léo est toujours
...lle ne veut pas
... C'est bien
...merais bien voir le
...s!
bisous

Amélia

DINOLAND
Parc d'attractions préhistorique

Ma chère Nadia,
J'ai compté 386 vaches
aujourd'hui. Intéressant ! Mais
Maman nous a dit qu'on arrivait
demain. Enfin ! Il est temps,
parce que Cléo, avec tous ses
hamburgers-frites commence à
virer couleur frite crue !
Comment ça va ? Envoie-moi vite
de tes nouvelles.

MANGEZ DES BROCOLIS
29¢
Miam !
adia Kurtz
1, South St.
Barton
CALIFORNIE
XXXOXXOX
91010
Poodleickus
29¢
Nadia Kurtz
61, South St.
BARTON
LIFORNIE
91010
Tu me manques axo
AMERICAN
TRADITION
Les hauts talons
29¢
lia Kurtz
South St.
RTON
ifoRNie
Tu me manques
XXXOXX
XXXOXX

Comme cadeau d'adieu, j'ai donné un collier à Nadia. Je l'ai fait moi-même avec des perles et du fil de nylon. J'en ai fait un aussi pour moi, tout pareil. Comme ça, c'est comme si on était des jumelles ! Quand je mets mon collier, j'ai l'impression que Nadia est tout près de moi.

Elle me manque, elle me manque...

C'est le DERNIER hamburger de Cléo !

Nouvelle fenêtre Pas encore de rideaux

NE PAS RETIRER
les étiquettes du matelas
sous peine d'arrestation !

Une prise, juste comme dans mon ancienne chambre.
C'est la seule chose qui est pareille !

Nous sommes finalement arrivés à notre nouvelle maison après avoir déjeuné une dernière fois au « Burger de Bob ». C'est pas trop tôt. Le camion était déjà là avec toutes nos affaires. La maison a l'air à peu près sympa, mais j'attends de voir. Cléo a tout de suite commencé à décorer sa nouvelle chambre, avec des posters et en changeant ses meubles de place toutes les deux minutes. Moi j'ai juste dit à Maman de poser mes affaires, je me suis jetée sur le lit et j'ai regardé par la fenêtre. J'aimerais être un oiseau pour aller retrouver mon ancienne maison.

J'ai dessiné le plan de mon nouveau quartier pour montrer à Nadia où est ma nouvelle école.

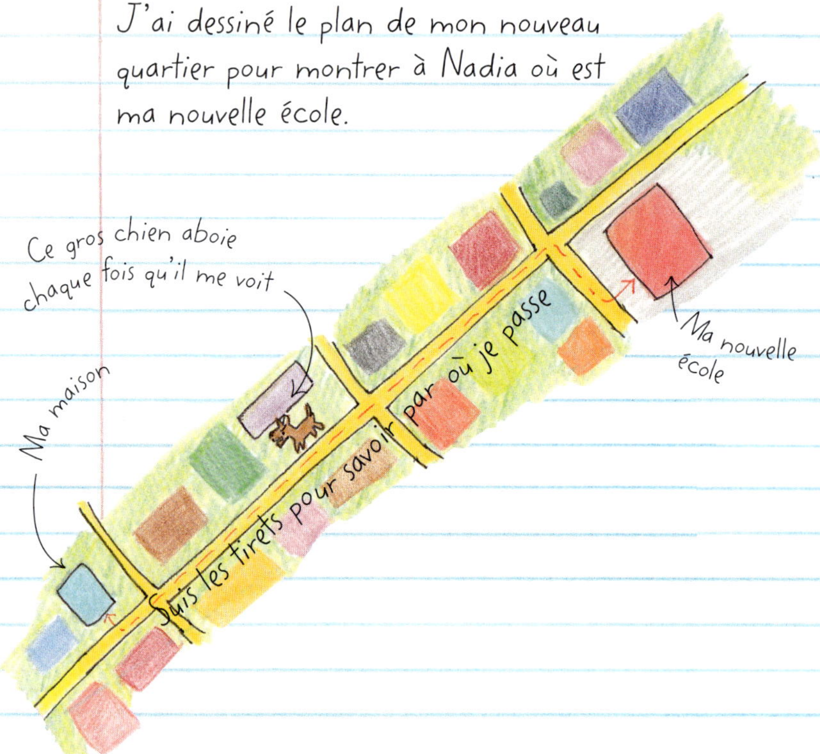

Je lui ai envoyé ma lettre avec un beau timbre qui représente un hérisson. Ils sont très inoffensifs et il faut les protéger...

Timbre de la lettre pour Nadia

Voilà trois de mes professeurs :

Madame Picolo, c'est notre professeur de musique. Elle a plein de rides et elle dit tout le temps : Ah un, Ah deux... Atchoum !

Mademoiselle Jenko est le prof de gym. Elle est très jolie et mâche toujours du chewing-gum. Pour nous entraîner elle dit : Allez, mes championnes, remuez-vous un peu !

Notre prof principal, c'est Monsieur Thomson. Il sourit tout le temps et raconte des blagues en agitant ses bras. Au début, je ne l'aimais pas trop, mais maintenant ça va...

Et voilà les élèves de ma classe. Ils sont sympas, mais aucun ne vaut Nadia !

Léa ne parle pas beaucoup. Elle passe son temps à dessiner, et elle dessine très bien. C'est une vraie artiste. Tout le monde le croit dans la classe. Je pense qu'elle a son cahier à elle, comme moi. Quelquefois, je la vois écrire dedans.

Max a un appareil comme Nadia. Il peut être cool, mais aussi insupportable. Il est arrivé il y a juste un mois : c'est un nouveau comme moi.

Élise et Lucy sont des jumelles. On ne peut pas les distinguer. Le seul qui y arrive, c'est Monsieur Thomson. Ça doit être formidable d'avoir une jumelle ! Comme ça, on a toujours sa meilleure amie partout où on va.

Je ne sais pas
si Léa dessine ou
si elle écrit son
journal, mais
elle a l'air bien
occupé !

Les jumelles ne s'ennuient jamais.
Elles ont toujours des choses à se raconter.

J'ai apporté mon cahier à l'école pour noter plein de détails que je ne veux pas oublier quand j'écris à Nadia. Aujourd'hui, c'est la cantine. Le plat chaud, c'est du bœuf en sauce, des drôles de patates, des tranches de pêches au sirop et un brownie ! Beurk !

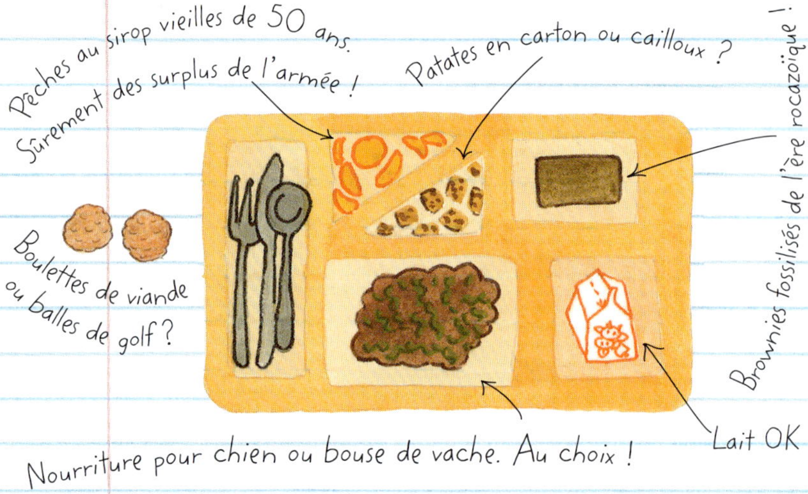

Frank a réussi à écraser ses pommes de terre ! Elles n'étaient déjà pas très appétissantes, mais maintenant elles ressemblent à des cafards écrasés. Mario a envoyé les pêches collées à Philippe (l'une est arrivée sur sa tête !). Maria a utilisé le brownie pour caler la porte de la cantine. Moi j'ai de la chance, je suis trop occupée à écrire pour avoir le temps de manger !

VIVE la cantine

J'ai bu le lait, mais la viande sentait vraiment trop bizarre ! Jeanne a dit que c'etait de la nourriture pour chien. Je suis d'accord. Maintenant, j'apporterai mon déjeuner !

Boule de purée à la sauce gluante-collante

On ne sait pas ce que c'est ! Du coton ?

Bâton de poisson, soit trop dur, soit trop mou jamais comme il faut. C'est vraiment un bâton de poison !

La seule qui a tout mangé, c'est Mélissa. Elle nous a dit que ce qu'elle avait à la cantine était bien meilleur que ce qu'elle avait chez elle ! Elle a même aidé la dame qui nous sert pour avoir un second plateau.

Définitivement inmangeable !

Haricots verts ?
Non, ruban adhésif séché...

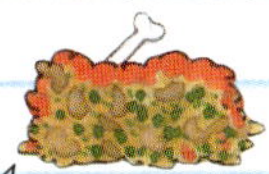

Assiette-mystère
le mystère c'est qu'on appelle ça assiette !

Gelée de fruit ou gelée de veau ?

Chaque dimanche, Maman me permet de téléphoner à Nadia, et nous pouvons parler pendant 10 minutes. Nadia me dit que je lui manque aussi. Je lui ai parlé de mon journal, et elle m'a dit que je devrais écrire des histoires et pas seulement ce qui m'arrive. Nadia sait raconter des histoires, mais moi, ce que j'aime, c'est dessiner.

J'ai reçu une lettre de Nadia aujourd'hui. La voilà :

↙

Ma chère Amélia,

Je suis en train d'écrire un livre pour le concours des jeunes auteurs. Tu te rappelles celui de l'année dernière ? Tu avais raconté l'histoire d'un paon qui chantait et moi celle d'un beignet qui dansait !

Cette année, je raconte que tu es partie, que j'étais très triste et que tu me manquais et puis qu'on a appris qu'on pouvait rester amies, même quand on habite très loin. Tu viendras chez moi et je viendrai chez toi et nous resterons amies pour la vie. C'est une bonne histoire, hein !

J'apprends aussi à patiner et je tombe souvent.

Bisous

Nadia xxxoxxo

Ma nouvelle école organise aussi un concours pour les Jeunes Auteurs, comme celle où j'étais l'année dernière. Mais je ne sais pas si je vais pouvoir participer. Je ne peux pas écrire au sujet de notre déménagement car Nadia le fait déjà et je ne veux pas la copier.

J'aimerais bien apprendre à faire du patin à glace. Je vais peut-être écrire l'histoire d'une patineuse ?

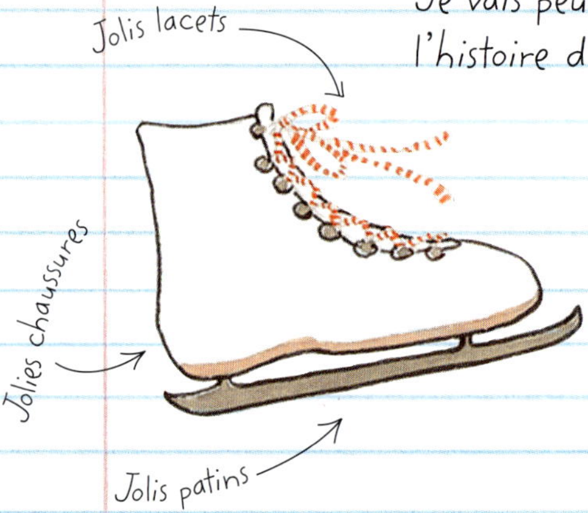

Il était une fois une fille qui voulait devenir la Reine de la Glace. Elle allait chaque jour à la patinoire de son quartier pour s'entraîner. Après de longs mois d'exercices, elle était devenue très bonne. Elle pouvait, sauter, tournoyer, faire des vrilles comme les plus grandes championnes.

Maman ne veut pas que je prenne des leçons de patin car elle trouve que c'est trop cher ! C'est bête.
Je ne serai jamais une reine de la glace

Pour son anniversaire, ses amis ont décidé d'organiser en son honneur une Fête sur Glace comme celles qu'on voit chaque hiver à la télévision.
Les invités pouvaient jouer à Plante-la-queue-de-l'Âne et aux chaises musicales à patins.

Il y avait des ballons, des gâteaux et des glaces pour tout le monde, et la reine de la fête portait une vraie couronne de reine.
À la fin, son rêve s'était réalisé, elle était la Reine de la Glace !
C'est pas mal, mais pas assez bien pour le concours des Jeunes Auteurs. Il faut que je me creuse encore la tête.

Porte claquée juste sous mon nez !

Cléo a déjà une nouvelle meilleure amie ! Elle s'enferme avec elle dans sa chambre et elles blablatent pendant des heures. Quand elles viennent dans la cuisine pour grignoter, elles ne me disent même pas :
« Salut ! Ça va ? »

Elles font exactement comme si j'étais une chaise et pas une personne.
C'est vraiment agaçant, mais Maman dit de ne pas m'en faire et que ça n'a pas d'importance.

L'amie de Cléo s'appelle Gigi. Évidemment, Cléo la trouve très belle et très bien habillée. Elle a les oreilles percées. (Maman pense que nous sommes beaucoup trop jeunes et que Cléo et moi nous n'aurons jamais le nez percé !)

En regardant comment Gigi et Cléo se tiennent à table, on voit toute la différence entre quelqu'un de poli et une goinfre.
Gigi grignote, une bouchée à la fois. Elle mord, elle mâche, elle avale, et elle mord encore.
Elle a vraiment la classe.

Gigi la polie adore les carottes

Quand Gigi mâche du chewing-gum,
elle le fait avec distinction,
la bouche fermée, évidemment !

Cléo, elle, se goinfre ! Elle mord, elle mâche, elle mord, elle mâche sans s'arrêter jusqu'à ce qu'il n'y ait plus rien dans son assiette. Elle finit par avoir une énorme boule dans ses joues qu'elle mâchonne, qu'elle mâchonne, qu'elle mâchonne (comme une VACHE !). Et quand elle avale, on voit la grosse boule qui descend dans sa gorge.

Mouche écrasée. Ouups !

Cléo a mis son nez dans mon cahier, et elle est furieuse parce que j'ai écrit la vérité sur elle. C'est bien fait ! Elle n'avait qu'à pas fouiller dans mes affaires !

Cléo, si tu es en train de lire ça, c'est pour toi !

NE TOUCHEZ PAS À CE CAHIER SOUS PEINE DE MORT

et

DÉFENSE D'ENTRER

PRIVÉ
ATTENTION :
LA LECTURE DE CE DOCUMENT
NUIT GRAVEMENT
À LA SANTÉ

TOP SECRET
SPÉCIAL EMPREINTE
vos empreintes
sont photographiées
MAINTENANT

Je pense à une autre histoire pour le concours des Jeunes Auteurs. Peut-être que je vais écrire quelque chose en prenant Cléo comme héroïne. Comme ça, ce sera une comédie !
Nadia m'a dit qu'elle avait demandé à notre professeur (en réalité son professeur ou mon ancien professeur, Monsieur Kim) si je pouvais envoyer un livre à leur concours de Jeunes Auteurs, et il a dit oui !

C'est le timbre de ma prochaine lettre à Nadia
Moi, j'adore le poisson !

Aussi maintenant, il faut que j'écrive deux livres ou un livre en deux, des livres jumeaux si on veut, comme Élise et Lucy. J'aime bien l'idée d'avoir mon livre à côté de celui de Nadia.
Nadia dit que mes lettres sont super, je peux donc écrire des histoires super. Moi je dis que c'est pas la même chose.

Monsieur le Facteur
ce serait un bonheur
de donner tout à l'heure
à mon amie de cœur
ces nouvelles majeures !

Quand je commence à écrire, il me vient des tas d'idées qui m'empêchent de me concentrer. Par exemple, je regarde mes mains en train d'écrire, et je commence à penser. Pourquoi les mains sont-elles tellement ridées ? Pourquoi est-ce qu'on a un pouce ? Pourquoi nous avons 5 doigts ?

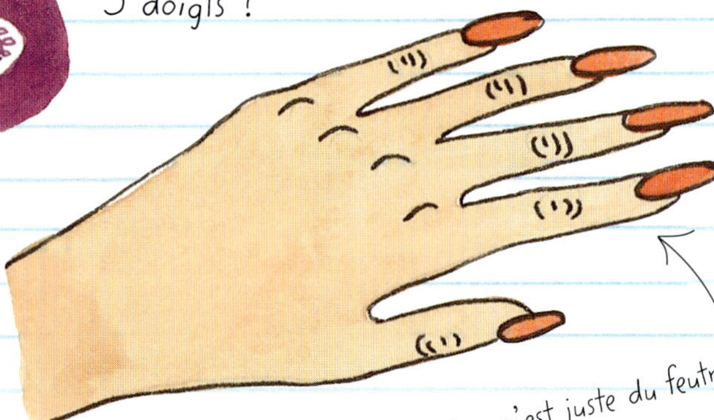

Ce n'est pas du vernis à ongles, c'est juste du feutre

Une fois, Nadia a coloré ses ongles avec un feutre. Moi j'ai chipé le vernis Passion pourpre de Cléo et je m'en suis mis sur les ongles de main et sur les ongles de pied. Elle m'a fait la tête pendant une semaine mais ça valait la peine !

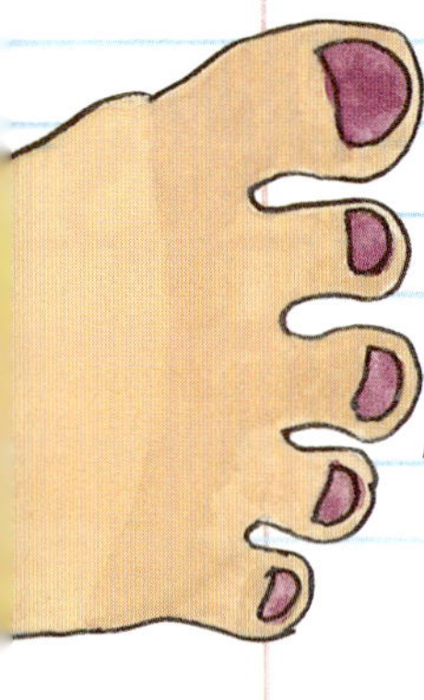

Mes petits doigts de pied tout violets ressemblent maintenant à des grains de raisin !

Voilà comment je dessinais ma main quand j'étais petite →

C'est très difficile pour les mains de dessiner des mains toutes seules. Avant d'y arriver, elles doivent s'exercer très longtemps.

En mangeant une cacahuète, j'ai oublié que je m'étais peint les ongles et j'ai cru que je croquais des grains de raisin !

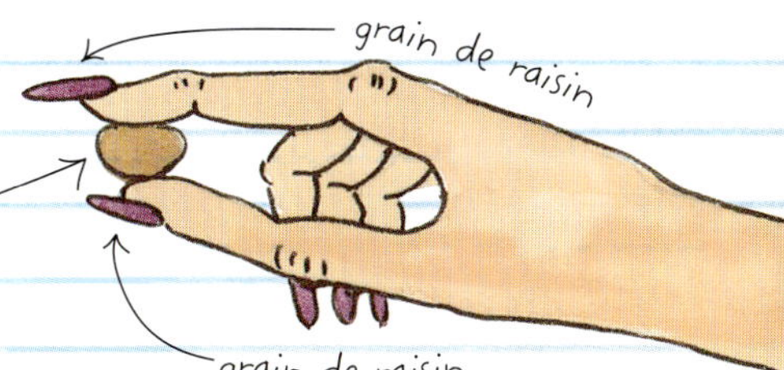

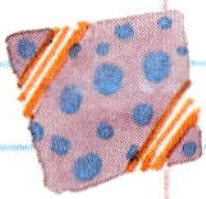

Dessin de Nadia du gâteau de Nadia

Hier, c'était l'anniversaire de Nadia. Nous avons toujours fêté nos anniversaires ensemble puisqu'il y a seulement une semaine entre le sien et le mien. Mais pas cette année. Nadia m'a appelée au téléphone (pourtant ce n'était pas un dimanche !) et m'a raconté toute la fête, le gâteau et tous les cadeaux.

Ça m'a fait pleurer. J'aurais tellement voulu y être ! Nadia m'a dit qu'elle allait m'envoyer une pochette-surprise et une des bougies du gâteau. Bien sûr, elle ne peut pas m'envoyer une part du gâteau lui-même, ça arriverait en miettes ! Alors elle m'a fait un dessin pour me montrer comme il était beau.

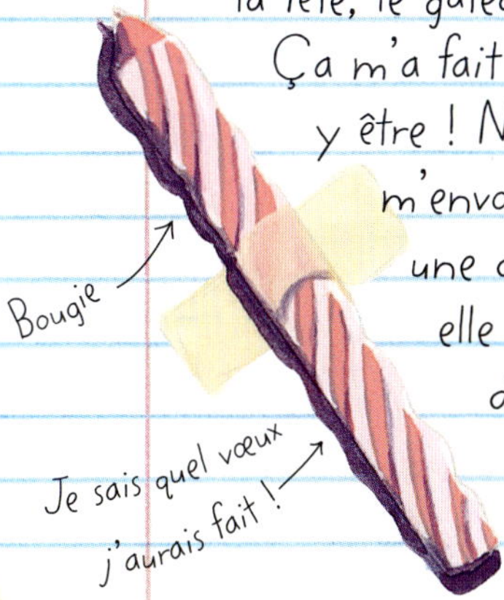

Voilà tout ce qu'il y avait dans la pochette-surprise.

Crayon arc-en-ciel

Je lui ai envoyé un cadeau, mais elle m'a dit qu'elle ne l'avait pas encore reçu. C'est une boîte pour faire des expériences soi-même. Nadia adore faire des expériences ! Elle pourra en faire autant qu'elle veut. J'aimerais pouvoir me servir de la boîte avec elle, mais malheureusement ce n'est pas possible. Maman m'a dit que je pourrai aller chez elle pendant les grandes vacances, mais c'est loin. En plus, elle aura déjà fait toutes les expériences. J'ai reçu la pochette-surprise ce matin. Je la colle dans mon cahier pour la garder pour toujours.

Bague

gomme en forme de cornet de glace

Ça siffle et ça se déroule quand on souffle dedans. Ça s'appelle Langue de belle-mère

Autocollants

Pendant la récréation, je suis restée dans la classe pour dessiner sur le tableau noir. J'étais trop triste pour sortir dans la cour et jouer au ballon.
J'ai dessiné Nadia comme elle était dans mon souvenir. Une fois je l'avais dessinée sur le tableau de mon ancienne école. Elle a vu mon dessin et elle a été furieuse.

Nadia n'avait pas aimé la façon dont j'avais dessiné ses cheveux.

Portrait de Nadia

Elle m'avait dit aussi que je lui avais fait un nez comme un robinet, mais en fait, c'est comme ça qu'il est. Un joli robinet, mais un robinet quand même ! D'ailleurs les nez, c'est toujours très drôle, même quand on est une princesse. Voilà le portrait de Nadia en princesse :

Si on regarde vraiment, un nez, c'est une chose très drôle. Va voir à la page suivante.

MA COLLECTION

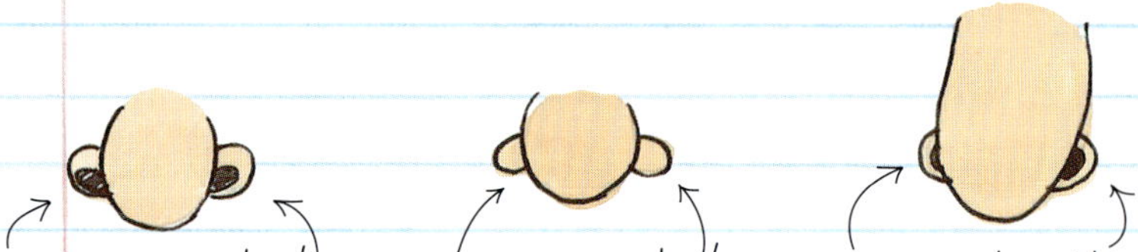

narines vers le haut narines vers le bas narines de côté

nez en trompette nez recourbé nez à bosse

nez de grande personne
vu de face

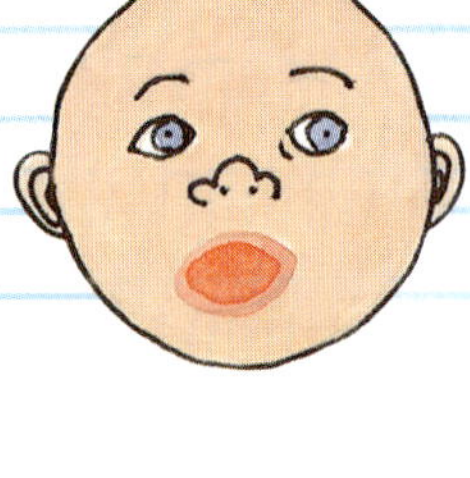

nez de bébé vu pareil

DE NEZ

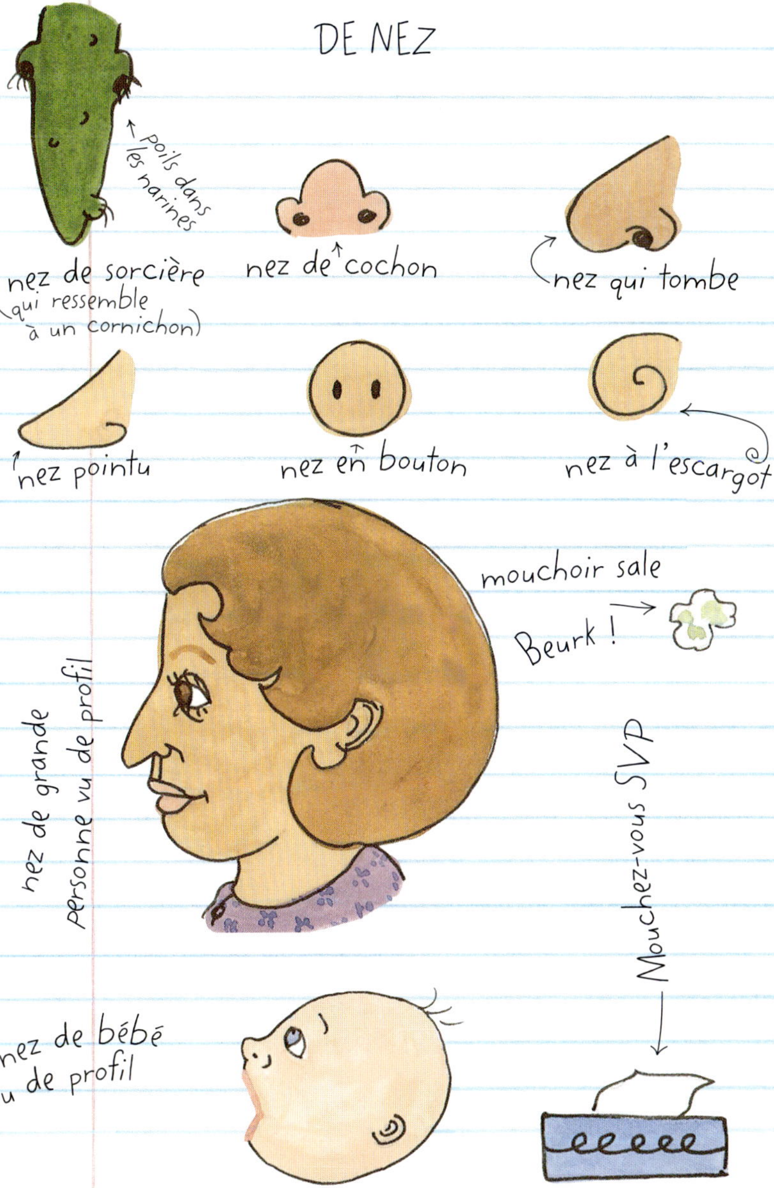
poils dans les narines
nez de sorcière (qui ressemble à un cornichon)
nez de cochon
nez qui tombe
nez pointu
nez en bouton
nez à l'escargot
mouchoir sale
Beurk !
nez de grande personne vu de profil
Mouchez-vous SVP
nez de bébé vu de profil

La fille de ma classe qui s'appelle Léa m'a vue dessiner tous mes nez et elle est venue les regarder. Elle a dit que je dessinais vraiment très bien. Je lui ai dit qu'elle était célèbre dans toute l'école pour être une grande artiste. Elle a dit qu'elle avait une nouvelle boîte de feutres et de peinture à l'eau et m'a demandé si je voulais bien venir chez elle après la classe pour qu'on dessine ensemble. Évidemment, je veux bien !

Ça c'est mes amis qui ne me quittent pas. Eux, je peux les inviter à mon anniversaire..

Nadia sera toujours ma meilleure amie, mais maintenant elle est ma meilleure amie-très-loin. Et j'ai besoin aussi d'une amie-très-près, quelqu'un que je peux inviter à mon anniversaire si jamais je fais une fête.

Pastel

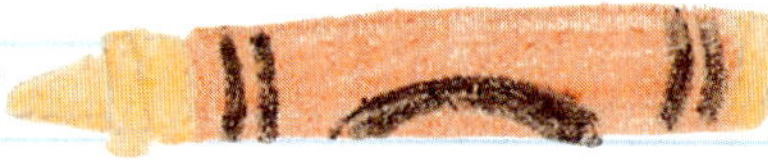

Léa a une petite chambre adorable avec un grand tableau où elle affiche tous ses dessins et ses peintures. Elle est vraiment très forte, ça c'est sûr, et j'ai très bien dessiné chez elle aussi.

Pinceau

Mon dessin préféré

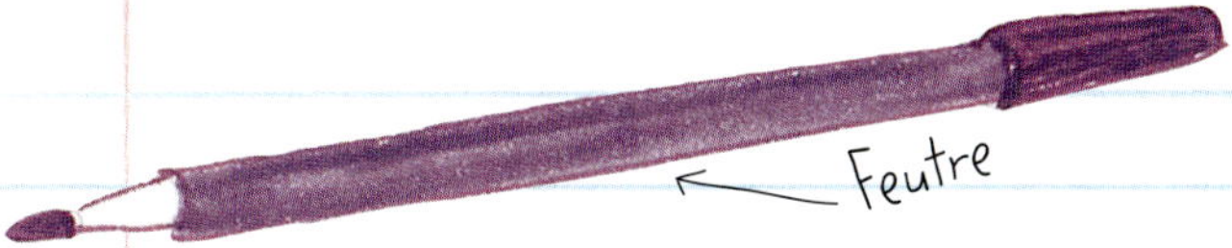

Mon plus beau dessin, c'est celui où je montre Nadia, Léa et moi quand on fait un pique-nique toutes les trois sous un grand arc-en-ciel. Léa a des feutres, des pastels, des crayons de couleur et des peintures. J'ai tout utilisé pour mon dessin.

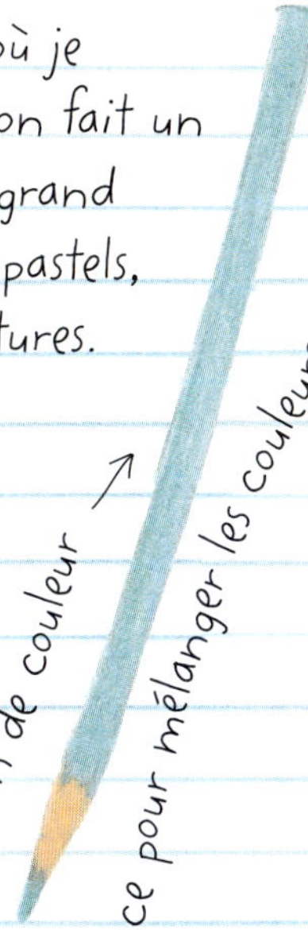

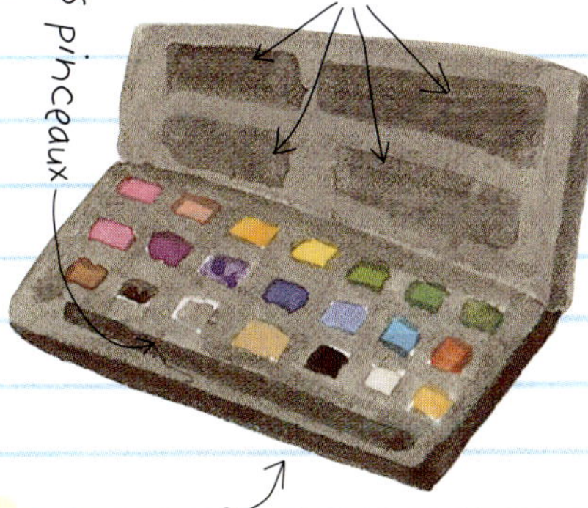

Ça y est, j'ai enfin écrit mon histoire pour le concours des Jeunes Auteurs de mon ancienne école et pour ma nouvelle école aussi. La voici.

Il était une fois une fille qui voulait un nuage comme animal familier. Il devait être tout doux et tout douillet, et tout bon à dorloter et il ne devait pas faire ses besoins sur le tapis. Mais elle ne savait pas comment attraper un nuage. Elle essaya avec un filet. Sans succès. Elle essaya avec une canne à pêche pointée vers le ciel. Rien à faire. Elle n'arrivait pas assez haut. Elle essaya avec un cerf-volant couvert de colle. Un nuage pourrait s'y coller. Mais aucun nuage ne le fit.

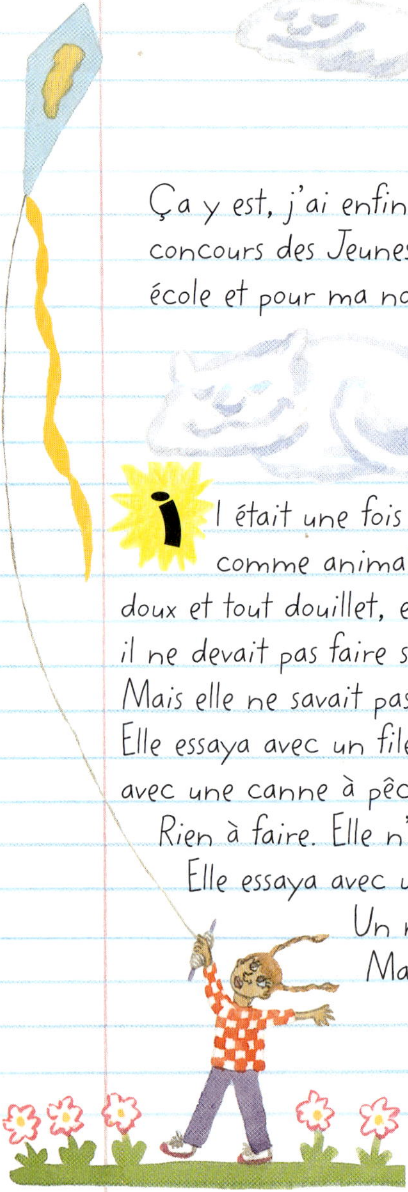

Aussi, elle décida que tous les nuages étaient à elle et elle les laissa dans le ciel pour qu'ils flottent autour d'elle. Quand elle en voulait un, elle sifflait et le nuage se transformait en animal et venait se blottir dans ses bras. Elle leur donna des noms comme Fleur de neige, Boule de plume ou Flûte en peluche. Et quand elle dut partir très loin, dans une nouvelle maison, une nouvelle école et une nouvelle ville, les nuages vinrent avec elle. Ils la suivaient partout où elle allait. Pour son anniversaire, ils lui organisèrent une grande fête des nuages avec un énorme gâteau arc-en-ciel. Et elle était très heureuse.

Fin

Maman dit que pour mon anniversaire je peux inviter une amie et que nous irons au Monde de l'Espace. Nous pourrons faire toutes les attractions, manger de la barbe à papa et acheter des gros ballons.
J'ai demandé à Léa et elle m'a dit oui !
C'est pas Nadia, mais c'est bien quand même.

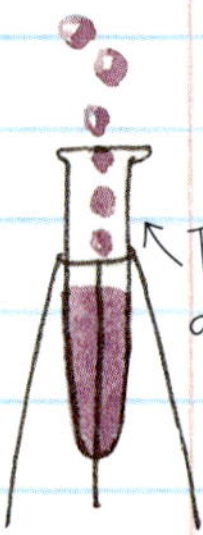

J'ai gardé mon ticket pour toutes les attractions

GROS BALLON

Nadia a appelé et elle m'a dit qu'elle avait reçu mon cadeau et mon histoire de nuages et qu'elle les aime beaucoup tous les deux. Elle n'a pas ouvert la boîte d'expériences pour qu'on puisse les faire ensemble quand je viendrai chez elle cet été.

Elle dit que je lui manque beaucoup. « Écris-moi, et envoie-moi encore plus de dessins. » Je lui ai promis que je le ferai et je lui ai dit qu'elle me manquait beaucoup aussi.
J'ai une idée FORMIDABLE ! Je vais lui envoyer une histoire complète avec des dessins. Je viens juste d'en écrire une. Mais, AU SECOURS !, je n'ai plus de place. C'est la dernière page de mon cahier. Il va falloir que je demande à Maman de me faire un autre cadeau pour mon anniversaire en plus de la visite

Marissa Moss a grandi dans une maison où la lecture faisait partie du quotidien.
Elle s'est inspirée de sa propre enfance pour écrire et illustrer le journal d'Amélia : elle a noté dans un cahier d'école tous les souvenirs qu'elle avait de cette période.
« Amélia est proche de moi et c'est ma sœur qui a servi de modèle pour Cléo, sa grande sœur » confie-t-elle.
Marissa Moss vit aujourd'hui en Californie.
Elle a déjà écrit de nombreux livres pour enfants, dont la suite des aventures d'Amélia.